만인시인선·68

석류가 있는 골목

방종헌 시집
석류가 있는 골목

만인사

자서

 말과 사물 사이에 틈이 있다. 틈은 혼돈이다. 유혹과 금기의 틈이다. 그 미묘한 어긋남에서 세상이 태어난다고 믿고 싶다. 매력적인 오답이란 말이 있다. 시도 그 매력적인 오답과 같이 말과 사물 사이의 미묘한 어긋남으로 흥미롭다. 가보고 싶은 세상이다.
 부정의 미학을 생각한다. 자각된 평범을 생각한다. 안보다 밖, 언덕 위의 골목, 낮은 집들도 꿈이 있었으면, 긍정의 미래에 대한 미욱한 믿음이라도 있었으면 좋겠다. 유모차에 폐지를 담으며 손 시린 아침을 시작했을지라도 밝은 아침빛으로 위로 받았으면 좋겠다.
 나를 있게 한 고맙고도 두려운 존재, 말과 사물 사이의 틈을 여는, 시가 무엇인지 오래 고민해야겠다.

차 례

자서 ——————— 5

1

스타팅 블록에 발을 얹고 ——————— 13
봄날, 폐허를 노래하다·1 ——————— 14
봄날, 폐허를 노래하다·2 ——————— 15
봄날, 폐허를 노래하다·3 ——————— 16
봄날, 폐허를 노래하다·4 ——————— 17
봄꽃의 시 ——————— 18
담 _ 남산동·1 ——————— 20
의자 _ 남산동·2 ——————— 21
석류가 있는 골목 _ 남산동·3 ——————— 22
바람 _ 남산동·4 ——————— 24
도루묵집 _ 남산동·5 ——————— 26
통점 _ 남산동·6 ——————— 28
동백 _ 남산동·7 ——————— 30

차 례

2

내통 ——— 33

각인 또는 낙인·1 ——— 34

각인 또는 낙인·2 ——— 35

각인 또는 낙인·3 ——— 36

리셋 ——— 38

발바닥 ——— 40

이 땅에 평화 ——— 42

비문증 ——— 44

이를 뽑으며 ——— 46

눈 ——— 48

혼자 먹는 밥 ——— 50

3

달 하나로 _동해·1 ——— 53

사월에 _동해·2 ——— 54

소금 _동해·3 ——— 56

굿거리 _동해·4 ——— 58

아비 내력 _동해·5 ——— 60

차례

어미 내력 _동해·6 ─────── 61
가시버시 내력 _동해·7 ─────── 62
인연 _동해·8 ─────── 64
거북 _동해·9 ─────── 66
삼월의 눈 _동해·10 ─────── 68
멸치 _동해·11 ─────── 70
대화 _동해·12 ─────── 72
달무리 _동해·13 ─────── 74

4

목련 이별 ─────── 77
사과 ─────── 78
나무 보살들 ─────── 80
호박, 꽃 피다 ─────── 82
돌미륵 ─────── 84
맑은 날 ─────── 85
개심사에서 ─────── 86
빗금무늬 ─────── 88
파란만장 ─────── 90

──────────────── 차 례

5

산등 ──────── 93
길을 놓치다 ──────── 94
콩밭 ──────── 96
장독 ──────── 98
거머리 ──────── 99
능소화 ──────── 100
채송화 ──────── 101
후생에는 ──────── 102

| 시작노트 |

아버지와 동해, 그리고 남산동 ──────── 103

1

스타팅 블록에 발을 얹고

신호가 울리기 전 잠시,
무릎을 땅에 댄
선수들이 뒤돌아본다

경건함으로
뒤돌아본다는 것은
호흡을 가다듬고
지금까지 수없이 달렸을 어제를 깨우는 것이다

어제의 힘으로 오늘, 이 스타팅 블록에 발을 얹고 있다

봄볕 앞에서 펼쳐질 사랑이든
저무는 노을에 펼쳐질 슬픔이든
찰나도 알 수 없어
숨죽이면,

아득하고도 팽팽한 시의 지평

봄날, 폐허를 노래하다 · 1
―東

  뒷문을 치는 어둔 눈발처럼 날려 다니다 일터는 찾지 못하고 봄볕만 밝아오는 날 안으로 스미는 풍경을 지워 버리는 창에 산다 내 안의 풍경만을 바라보게 하는, 똑같은 나를 만드는 쓸쓸한 거울만 있다 부끄러움도 잊고, 골목에 몰입하는 저 살(煞)들의 풍경 얼굴들이 비치는 창속에 내 얼굴이 아닌 나를 본다 안을 열어 보여주지 않은, 낯선 아침이 쓸쓸해지기는 얼마만이냐 기차가 닿지 않은 역사는 더 없이 한적하고, 역사 뒤, 열 지은 홍등가의 창을 마주하다 창을 향해 줄선 봄볕이 무겁게 매화에 내리고 있었다 강경 어구에서 여관의 창을 열어 봄날, 폐허를 본다

봄날, 폐허를 노래하다 · 2
―西

   짧은 골목, 네 몸에서는 채 마르지 않은, 분홍의, 페인트 냄새가 열광하는, 또 얼룩이 되는 밤의 습기가 배어 있었다 하루를 머물며 시를 잊지 말자고 타투를 배꼽에다 넣었다 이제 살꽃이 피어날 시간, 뜨겁고도 아픈 타투 누가 그 시간을 기억하랴 기억이란 믿지 못할 것 그래 기록도 믿지 못할 것 피를 섞어 쓴 시 잊지 말자고 소금에 절여둔 시 임시 가판대 높다란 의자에 반라의 몸을 내놓고 또 다른 타투를 넣는다 아프게 피는 식고, 진열되는 몸 비를 맞는 몸에서는 연신 어둠의 길을 적시는, 매화, 독한 꽃 피다 빗살처럼 젖어 찾아든 사내가 남긴 골목 마지막으로 철거가 되는 몸 진홍의 불빛으로 타투를 넣는다 비 개자 지워지는 것을 먹에다 피를 개어 묵화처럼 타투를 새긴다 메마른 골목에 다시 매화 꽃 지다

봄날, 폐허를 노래하다·3
―南

  지하철 공사장에 받은 일당으로 건너편 유곽으로 흘러갔다 분홍이 지친 살, 흐르는 술과 늙은, 노는계집을 전세 내었다 오래 머물러 썩어가는 육신을 한 몸으로 이루려는 재앙에다 불 질렀다 칼에 베인 듯 파고드는 뜨거움 칼끝으로 타들어오는 욕망 죽음의 덫이다 목젖이 내려앉은, 허물어진 젖을 감추는 노는계집의 등 너머 숨죽인 노을 후두둑 비에 젖으며 창 너머 버즘나무들이 내가 머문 마흔의 세월보다 긴 잠으로 나의 육신을 인도하리라 호마이카 낡은 문갑과 덕지덕지 앉은 야식 스티커 너머 내 헐벗은 육신이 포개진 이불처럼 낡았다 여기도 이젠 머물 수 없는, 내 하루의 일당이 바닥을 보이는가 보다

봄날, 폐허를 노래하다 · 4
―北

너를 잃어버리지 않기 위해
감각이 지워질 때까지 파도를 맞는다
오로지 너만을 위한 바위가 될 때까지
네가 내 화석층의 그 어느 품에서 따뜻해질 때까지
한줌의 물로, 한줌의 햇살로, 한줌의 바람결로
따뜻하지 않으나 시들지 않은
내 몸을 타고 흐르는 타투의 붉은 먹
화강암에 깊이 새겨지는 화농한 사랑쯤 되리
그러니까 너를 잃어버리지 않기 위해

봄꽃의 시

나는 밤새워
봄꽃이 아름다운 배경을 생각했다

잠만 설치고, 낡은 문법과
낡아버린 뜻마저 위태로운 서정의 언어를
버릴까 고민하고, 진부한 전설을 생각했다

바다 위의 달빛이 부서지는, 평화의 시대

나는 밤새워
죽음마저 고귀하게 여길, 그러나 위험한 논리
떨어진 꽃잎의 아름다움을 예찬할 새로운 언어를
개발하고 있었다 생명을 담보로 시를 쓴 것이다 무식
하게

봄꽃이 피는 밤, 묵언만이 제대로 된 시가 될 것이다

그 날은

맹골 물길에 배가 가라앉고
삼백이 넘은 사람들이 죽어가는 시간이었다

잔인한 시인이여, 그리도 봄꽃의 시를 써야 했는가

담
―남산동·1

  여름 담벽에 무성한 초록의 라일락이 제 가누지 못한 매무새를 그대로, 진딧물이 까맣게 오른 잎새를 담벽에다 절인 푸성귀마냥 아무렇게나 걸쳐 놓았다 사는 일이란 그런 게 아니라고 단정해야 한다고 무성한 초록을 걷어내자 가려졌던 담벽이 드러난다

  누덕진 삶이 엉긴, 바람과 눈 맞춘 시멘트의 성분은 달아나고, 오갈 데 없이 죽치고 앉은 흙빛 사내의 주름간 이마만 훤히 드러난다

  감추고 싶었던 어제가 햇살 아래 환하다

의자
―남산동·2

이 산천
저 고을
하릴없이 밀려나와
지하철 驛舍
플라스틱 의자의
마지막 온기에 기대어
더 이상
휩쓸어 갈 물살은 없으리라고,
허접스런 목숨이라고
허리참을 파고드는 寒氣를
꿋꿋이 견디고 있느니

오늘도
달빛에 젖는 밤이 오고
나는 사대문 안 밝은 덕에 산다

석류가 있는 골목
─남산동·3

1
내 마음의 빈 집을 그가 다녀갔다
오래 비워둔 벽채에다
추억처럼
한 줄 금, 실연의
구절을 남기고 다녀갔다
무엇을 추억하라는 것일까
아님 추억처럼 그리워하라는 걸까
빈 집이 빈
집이 되지 못한 채
들끓는 명아주 풀대로 분주한
내 마음의 빈 집을 그가 다녀갔다

2
몇 번째인가
골목이 생겼다가 사라진다
담쟁이 넝쿨처럼 번져간 골목
전신주에 이름이라도 새겨두어야 할까
그러다 골목 전신주마다 이름이 새겨질 것 같다

다시 언덕, 골목에서 넝쿨손을 뻗어 본다
너의 얼굴이 지워지기 전에
기억이 서로 어긋나기 전에
너의 집으로 나를 보내기 위해
골목을 돌면,

담벽에는 석류꽃들이 불타고 있었다

3
어제가 쌓인 골목은 어두웠다
석류꽃이 지고난 뒤
골목을 떠돌던 가난한 영혼이
꽃잎처럼, 비에 밟히고
내 발목을 부여잡았다 오래도록
지고 있는 붉은 햇살을 안고
옮겨가지 못한 시간들만이
우두커니가 되어
지는 햇살을 안고 쓸쓸해했다

바람
—남산동·4

남산동에는
아직 전설처럼 얼룩이 밴
오래된 바람들이 골목을 지키고 있다

산신 동자 모신 점집, 댓가지 위
푸르죽죽 추위 엉기는
남산동 낡은 처마들이 이룬 숲에는
아직 신명을 풀어내지 못한 신의 말씀이
늘 부산하게 일렁이는 바람을 만나고

남산, 그 이름 만으로는
밝은 볕들이 오래 머물러
하냥 부드러운 풀잎들만 일렁일 마을 같은,
가난한 이들 마음에
새 세상 가져다 주려온,
날개 단 아기장수 한 분쯤
승천한 얘기라도 떠돌 마을 같지만,

종일을 두고
나직이 읊조리는 천수경 갈피에는
풀지 못한 가난도 접혀 있고
단전 통지서와 함께
주사(朱砂)의 부적도 기적처럼 스며있어

제 삶의 나절을
허기로 잠재우는 오래된 골목들이
밝은 빛살에 나뒹구는
이 곳, 남산동에는 아직도
그림자처럼 여위어가는 가난이 섬처럼 많다

도루묵집
―남산동·5

남문시장 악기골목 안
낡은 간판 도루묵집에 가면
음식점마다 흔한 호출벨이 없다
대신 막걸리 대폿잔을 젓가락으로 치면 된다
이 집 막걸리 대폿잔은
할아버지나 쓰시던 놋그릇이다
잔을 드는 순간, 이미 시각에
무겁게 가라앉아 있던 어제가 걸린다
더구나 한 잔을 위하여 대폿잔을 두드리면
묘하게도 온몸이 어제로 끌려가게 된다
새 대폿잔이 오기 전까지 잠시
빈 잔에 담기는 소리가
남에게 드러내고 싶지 않았던
어두운 어제들과 함께 공명하게 된다
등 돌리고 살던 서씨, 기어코
맥놀이로 붉어진 얼굴에도 어제가 돋아나
도루묵 한 접시를 사고
제 마음에 담겼던 어제를 방생한다

누구나 어제는 후회의 통점이지만
대폿잔이 비어가는 만큼
조금씩 차오르는 말들로
마음의 어둠이 비워지면
술잔 속이 밝아, 취해 온다

통점
— 남산동·6

석류 잎이 새로 돋아나는데
가지 끝엔 지난 해의 석류가
속이 까맣게 타들어 가고 있었다
달빛으로 위로 받던 그가 사랑한 창문이
내려앉아, 집 안은 비었다
문득 다가가 문을 열고 싶었다
마당을 채운 풀들을 뽑아내고 오래
품을 들여 새로 경첩을 달고
삐걱거리며 들어서는 달이라도 마중하고 싶었다
혼자가 아닌 너와 함께 그 길이 멀어도
나는 그런 집 하나 오래 생각했다
처마가 기울어져도 위로받을 문을 열고 싶었다
상아빛 잇금, 붉은 웃음이 스민 석류꽃 있는
그런 뜰 하나와 풀여치 소리도 듣고 싶었다
나의 말은 공허한 반추만을 새길 뿐,
사람이 살아도 비어 있는 빈 집
타버린 속을 안고 말라가던 석류처럼
내 스스로도 채울 수 없는 집이 되었다

말이 사라진 공간, 말이 뜻을 잃고
말이 정감을 잃고 차가운 유리창 뒤 서 있다
한번쯤 거짓으로라도 사랑한다고 외치고 싶었다
골목이 어둠을 몰아와 대문을 굳게 내리고
뜰 가득 말을 잃은 풀들이 바람에 서걱거렸다
새로 돋는 잎새 위에 까맣게 남은 석류
간절히 닿고 싶었으나
닿을 수 없는 말이 내게는 남아 있어
그것이 나의 통점, 말로 지은 아픈 심장이었다

동백
―남산동·7

겨울 바람이
눈을 데리러 간 사이

빛 낡은 플라스틱 화분에
동백 두어 잎 진다

곱다랗게 선 동백 곁
의자에 앉아 무릎을 모은 채
어제를 놓아버린 할머니

담벽에다 폐지를 옮기는
손 느린 할아버지를 바라보고 있다

어둠을 몰아오던 바람이 폐지 위로 사락사락 내렸다

2

내통

골목길이 서로 찬 바람 속에
서로를 에워싸고 잠시 잠시
굽이길에 모여 해바라기하고 있다

집안에만 머물기엔
몸이 허전하여 지팡이 하나 짚고 나선
노인네 두엇 굽이길에 모여
골목과 함께 해바라기하고 있다

가고 싶은 길이 사라지고
사라진 뒤에도 오래 그늘이 남아
문득문득 돌아가는 길을 잃어버리고
헐거워진 햇살에 나도 쪼그리고 앉았다

낡은 마음들이 햇살 하나로 내통하는 중이다

각인 또는 낙인·1
―이불

추워서
서둘러 몸을 녹이려
이불을 끌어 덮으니 발끝이 불쑥 드러났다

하,
엊그제 매몰된 돼지들의 언 발이다

눈발이 날렸지

서둘러 묻느라
새끼 돼지의 울음소리만 남아

어미 돼지의 언 발이 눈을 맞고 있었지

그도
많이 추웠으리
산바람이 눈을 몰아다
그 영혼의 길 밝혀 두었으리

각인 또는 낙인·2
―피난민

낡은 시멘트 벽채
푸르죽죽한 이끼가 번져
힘겹게 지탱한 시간들이 쌓여있다

아직 살아나야 할 날들이
무척이나 많은,
나 어린 계집애
그 벽채 곁에서
쪼그려
숟가락으로 퍼먹는 국수가닥은
아직 오지 않은 날들만큼이나 길다

재울 수 없는 허전한 식욕의 고통만큼이나 길다

가을 앞에서
낙인으로
선, 좁은 골목의 어둠을 만나다

각인 또는 낙인·3
—별

할머니 늘 말씀하셨지
사람은 죽으면
하늘로 올라가
누군가의 그리움을 위로하는
별이 된다고

아니면
봄볕 좋은 날
무 장다리꽃 하얗게
펼쳐진 텃밭 한 녘을 나르는
노랑나비가 되어
그리움의 날개를 달아준다고
그래서
사람의 죽음은
늘 슬프고도 아름답다고

지금
발굽을 지녔다는 이유로

저 언 땅에 묻히는,
누구도 기억하며
그리워할 이 없는 고독한
돼지도 죽으면
그도 별이 되어
슬프고도 아름다울까

리셋

    하루에도 무수히 별이 지듯 또 하나의 지구를 온몸으로 안고 살던 그가 움직일 수 없는 낡은 몸 하나를 안고 무량수 속, 다른 별자리가 보이는 의자로 몸을 옮겨 앉는다 따분했으리라 아는 이도 없고, 모두가 하나같은 표정의 공간, 지하철 대리석 바닥에서 함께한 삶의 골판지도 제 몸을 눌렀던 그의 무게를 쓸쓸하게 지우고 있다

    다시 다른 몸이 올까 모니터 속 잠시 검게 반짝이는 기호에서 무연고, 등록된 지문 속 그는 잠시 반짝이는 별이었지 어느 별자리로 몸을 옮긴 시간은 드러나지 않았다 어제로 연명하던 몸, 삶의 게임에서 로그아웃된 몸 게임처럼 리셋을 한다면 다시 시작할 수 있을까

    길을 잃은 것이 언제인지 몰라도 길을 잃는 것은 사람인 탓이지 제 욕심이 순간순간 옆길 넘보는 사이 풀은 풀의 길에서, 뱀은 뱀의 길에서 사라지고 흔적들만 허물들만 무명의 길을 채운다 무명의 몸은 길 어디에서 지금 눈을 감고 제 일구는 바람길, 제 길 아닌 모든 길을 내려놓고 있다

    실명의 존재로 명명되는 짧은 순간에도 길을 벗어난

기억의 새들은 다시 돌아오지 않을 거야 조금씩 사라지는 기억을 봇물 잡듯, 가둘 뿐 첫 별자리, 리셋을 한다면 되살릴 수 있을까 기억에도 남겨진 것이 없는 지명, 검색할 수 없는 별자리, 어둠은 오래고도 깊어 손길을 내밀어주는 친절, 그런 것 없어 차라리 거리에 추락하리 무량수처럼 펼쳐진 별자리 가득, 각인처럼 측백나무 첫 골목 사이로 그는 몸을 옮기는 중이다

발바닥

바닷가 모래밭에
거적 아래 누운 그대는 보이지 않고
낡은 달빛 속을 오래 걸었던 흔적을 품은
팽팽한 긴장의 발바닥만 세워놓고
적막의 그늘이 만드는 풍경 속으로 스며들다

어디에서든 한 하늘 아래
삶의 절절함에 힘겨웠던 발바닥을
저렇게 세워두는 것은
모든 무게를 지고 걸어온 노고를 생각함이리
달콤한 죽음의 유혹을 견디려는 간절한 몸짓이었으리

7번 국도 곁
작은 백사장 건너
간첩침투지역 표지 옆에서
비로소 몸에서 벗어난 자유로움,
구름이고자 했던 의지들이
파도로 몸 바꾸어 물가로 밀려왔구나

거적을 덮고 누웠지만,
살면서 제대로 살피지 못해
쓸쓸했을 제 발바닥을 위로하려
봄볕 밝은 빛살 아래 경건히 세워두고 있다

이 땅에 평화

아내와 함께 들른 병원
초음파 검사실 밖,
내 초조한 모니터 속에는
아내의 뱃속이, 감추지 못한
소리의 파장에 떨고 있는 아이가
작은 소리에 놀라 웅크린 채
가슴에 코를 묻은 모습이 비치고 있었다

폐가 나빠
오래 자리보전하는 어미 수발에
헝클어져 서러운, 삶의 그물을 서리다
낮술에 취해 잠들어 있던
그 모습 그대로
내 기억의 빈 칸을 채우는
아버지의 처진 눈매와 만나고 있었다

흰 꽃다지 매단
아카시아 숲 속으로

조금씩이나마 푸른 기억의 향기가 스민
동해, 푸른 언덕으로 몸을 누이던
그 간절한 물결, 그 몸짓으로
살고싶어 하는 마음,
내 아내의 뱃속으로 돌아와 있었다

비문증

 눈 속의 유리체가 낡고 혼탁해지자 하루살이들이 눈앞을 헤집으며 이리저리 날아다니는 비문증이 왔다 눈을 부비고, 깜박거려도 사라지지 않는 이 의문의 허상들이 붐비는 세상이 된 것이다 거리는 늘 자기의 생각만으로 몸을 채운, 속내를 알 수 없는, 느리고 단단한 몸으로 밀고나가는 사람들로 눈부신데 나는 의문의 비문증으로 늘 머뭇거리며 밀려나다 보면, 와르르 쏟아지는 구호 발이 밟히고, 등 떠밀려 골목으로, 두려움의 포박에서 풀려나지 못한다
 가로수를 흔드는 이 이념의 허상들이 어지럽게 떠도는 하루살이 유리체의 혼탁, 아니 이 사회 구성체의 혼탁 의문의 비문증이 왔다 허상의 하루살이에 시달리다 어둔 저녁 산책을 나서면 골목은 이미 길과 하늘의 경계가 사라지고, 박쥐들이 어둠보다 더 짙은 어둠으로 날아다닌다 또 다른 하루살이떼, 박쥐들은 신기하게도 짙은 어둠 속에서 허공에 펄럭이며 날려가는 깃발 허구인지 실체인지 언뜻 구분되지 않는 거리에 범람하던 기호들로 날아다닌다

비문증을 앓는 내게 어둠에도 사라지지 않는 저 역설을, 진폭의 방향도 없이 펄럭거리며 나는 예측할 수 없는 그 어둠의 깃발에 눈 앞이 캄캄해져 왈칵 비문증이 짙어진다

나의 오늘은 더 깊은 늪처럼 나를 어둠에다, 나의 몸을 어제보다 더 느리고 무겁게 슬픔의 거리로 옮겨놓고 있다 하루 종일 눈을 부비고, 깜박거려도 사라지지 않는 이 의문의 허상들이 붐비는 비문증은 통증이 없다는데도 나는 어째서 온몸이 아플까

이를 뽑으며

말간 살갗을 헤집으며
질긴 욕망의 거푸집을 걷어내자
화농한 속들이 탐욕의 찌꺼기인 양
쏟아진다 마흔 해의 자화상
누덕지고 얼룩진 퇴적층의 슬픈 뿌리
밑둥이 썩어 흔들리는 이
지친 육신의 흔적
뒷골목까지 밀려온
태풍에 들쑤셔진 낡은 보도블록처럼
울컥, 잊고 있던
슬픔의 잔뿌리가 들썩거린다
저 숨겨졌던 순수를 깨우는 아픔 앞에
솔가지의 옹이처럼 치미는
붉은 맨살의 가난
내 바라는 시의 언어에도
탐욕에 물든 가지들이
저리 질기게 숨었으리라고
벼락같이 솟아나와

뿌리를 드러내고 누웠으리라고
욕망의 뿌리 너머로
제주에 닿은 예맨의 난민들이
아프게 평화를 부르는
이 전란의 봄날, 사막 한 가운데
닳아버린 양심에 돋는 벚꽃의 반란이여
적적한 치과에서 울리는 전동기의 울음이여

눈

눈 내리네
차가운 땅에 떨어져 아픈
눈 위로 눈이 어루만져 주네
눈이 눈을 위로하는 따뜻한
눈 내리네

아내와 다투고
아침을 굶고 출근한 아침
나더러 보라고
서로가 서로를 안고 사랑하는
눈 내리네

녹으면서 하나 되고
눈으로 남지 않아도 괜찮다고
서로의 마음 속으로 녹아들어
뜨겁게 하나되는 눈물로
눈 내리네

늘 힘겨운 가난을 누르는,
불편한 몸짓을 부르던 눈이
내 눈이 불편했음을 부끄럽게 하는
뜨거운 눈물을 솟게 하는
눈 내리네

혼자 먹는 밥

감영공원
느티나무 의자 아래
혼자 밥을 먹는다
혼자는 아니다
여기 저기 의자에는 또 다른 내가
서로 나눌 눈짓도 없이
천천히 밥을 먹는다
비닐에 담긴 건, 비빔국수
면발은 자꾸 끊어지고
젓가락에 감기는 가을볕 두엇
몇 낱의 가랑잎
그릇에 잠겨
혼자 밥을 먹는다
느리게만 가는 가을볕 사이
초록 같은 젊음은
자취 없고
새소리 하나에도
우수수 잎 지는 공원의 가을

3

달 하나로
―동해·1

그 바다는
갈 때마다 빈 하늘을 보여주었다

마음 곳곳에
숨겨진 시어를 찾느라
빈틈이 없었던 나의 하루들이
실망하여 돌아설 때,

그 바다는
비어진 여유가 지닌 웃음을 보여주었다

여전히
받아들 수 없는 욕심 많은 나는, 쓸쓸했다

사월에
―동해·2

그 바다가
손 내밀 때
우린 망설였지
이른 봄 바다의 시린 손에 망설였지

오랜 뒤에야
후회로 남아 뼈가 아프지만
아직도 뼈아픈 이유가 아닐 거라고
그렇게 믿어보는 내 변명에는
한 줌의 도덕도 남지 않았네

사는 날
그 동안만이라도
볕살 잘 드는 창 하나쯤
가슴 한 녘에다 새겨두고는
사월 찬바람 속
밀물처럼 스며오는
그대들의 목소리 담아두고,

이 땅 다시 저린 눈물로
쓰린 상처 헤집으며
파도쳐 올 때, 그 땐 외면하지 않으리
그대들의 넋과 함께 봄바람으로
잠들어 가리

그 동안
하느님, 나의 하느님
함부로 용납하지 마소서

소금
―동해·3

오래오래 햇살에 절여
스스로의 육신마저 벗어버리는
해탈의 순간,
하얗게 빛으로 타는 순수
그 영혼을 얻는다는 일이 얼마나 어려운가

우리 할매
한 달은 너끈히 베틀에 앉아
갖은 시름, 날줄로 걸어 넘기고
올올이 펴 올린 순백의 모시처럼
스스로 결고운 소금되기야 햇살만으로 되랴

창수 인량 막골
바람 비 속을 건너온
박달나무, 결 속에 스미고 스민
머언 할아비 적의 이야기
불빛이 되어 타오를 때에나
맺어지는 적멸의 희열인 것을

한 살림에도 허둥대는
허접스런 눈으로야
가늠할 수 없는 마음 구비
오오랜 사랑로 긷는 눈물이 아니고서야
어찌 저 순백의 영혼을 지닌 소금을 얻으랴

굿거리
―동해·4

    천의 얼굴, 탈 속에 숨겨진 그늘 한 마당 샛바람 일어나불지는 노물동 짧은 모래밭 징소리 하나에 구름 일 듯 허망한 사연 밀려오고 사설 한마당에 바람 일 듯 모래알 인연 밀려가고 굿 한 자락 매듭 풀어 치맛자락에 감싸 안으려니 허망하고 어리석어 하늘마저 센 날 지는구나

    세상 일 아는 바 없어도 이승이 햇살 나고 사는 일 어리굿어도 저승길이 소나기밭이란 것은 천지신명이 점지하신 일 어이 조막손으로 벗어나랴 배 타들면 천지 적막 까치노을이 명자리인 걸 바람 한 점에 그물 밀리고 당겨지듯 목숨자리 그저 물살에 매인 우리네 갯가 고기잡이 목숨자리 젊어서도 소용없고 햇살에 새긴 주름살도 소용없어 파도에 오고 가는 모래알, 조약돌 인생인데 매듭 꼬여서야 어이리 새끼 삼기듯 꼬아서야 어이리

    풀각시라도 마련하고 무명 광목 베필도 장만하고 굿패라도 청하고 서낭님 골매기신도 청하고 눈물 많은 분네 할미 청을 하고, 네 마음자리도 어미 애비 조각난 마음자리도 한 녘에 마련하여 낮을 밤삼아 촛불 밝히고

밤을 낮삼아 달빛 청하여 징을 울리느니 난바다 고래등에나 얹히거나 거북등에 얹히거나 동해 용왕님 하해같은 마음씀씀이로 네 놀던 모래밭 영덕군 노물동 자라바위 앞등에 해같이 두렷이 나타나 한 잔 술이나 받아 마시고 개복하신 후에 노을따라 서천 서역 구만리 떠나시라 비노니

  여기 별신굿, 수망굿, 송동숙이 구성진 가락으로

  바리공주 불러내고 당금애기 불러내어 청하노니 보소서

아비 내력
—동해·5

내 아비는 고등어 고깃마리에도 목숨 걸 듯
낚시를 걸어 당기던 가난이 직업인 뱃사람
어장에 줄줄이 내걸린 부표마냥 흔들리기만 하던 사람
쥐뿔나게 잘난 것이라곤 술 마시고 뱉어내던 노랫가락 한 소절,
그나마 카랑카랑하지도 못해 주눅든 노래였던 사람
늘 썩을 늠이라고 욕하면서도
술국으로 물곰국을 끓여내던 어매에게
솥단지 만한 돈다발이라도 한 번 안겨줘 봤으면 하던
가난한 꿈으로 얼룩진 노을을 꾸미던 사람

가을 깊어 서릿발 밟으며, 이승 건너간 사람

어미 내력
―동해·6

우리 어매 오지랖은 달빛 받은 바다만큼이나 넓어서
길가는 낯선 사내도 덜렁 집으로 데려와 밥 먹이고
매무새 다듬어 어루어 해로할 것같이 웃음 흘리다가도,
해질 무렵 바람 차지는 겨울 들머리엔 물질도 힘들다며
떠나보내고, 눈매 그립다 겨울 달매* 속 연신 흘겨 본다오
장정길 떠날 아들 두고도 연신 달너울로 물질 가더라오

*달무리의 경상도 사투리

가시버시 내력
―동해·7

동해에는
아직도 신선한 비늘을 세우고
파도 위를 넘나드는 넙치가 살고 있을까나

오래 오래 잊혀진
延烏와 같이 바위 틈새
미역 건져 올리듯 햇살을 낚아 올리는
우리의 튼실한 이웃들이 살고 있을까나

베틀에 앉아 달빛 엮듯
사랑으로 일구는 밥상을 차리는
細烏같은 툽툽한 손길들이
동해에는 아직도 낮은 처마에 머물고 있을까나

당목에다
무명을 엮는 마음들이,
속초에서도 강구에서도
난바다에 묻어버린 사랑으로

바위를 두드리며 하얗게 노래하는
맑은 물살들이 동해에는 아직도 떠돌고 있을까나

인연
—동해·8

뭍이 그리운 사내는
구름 타고 바람 타고 햇살에 몸 던져
잠시라도 머물 수 없는 안타까움에
바위에라도 제 몸뚱어리 던지고
물미역, 청태 잎에라도 제 등짝 부벼대며
끝나지 않은 바람으로 끓어오르고,

바다가 그리운 계집은
제 종아리 간지르는 파도에다
조금씩 조금씩 볼 붉히며 떠돌다
바다가 드리운 깊은 그늘까지
제 몸뚱어리 내던져 달아오른 몸내
식혀도 보자고 쐬쐬 모래알로 날리고,

솔밭을 일렁이는 바람이
홀로 안쓰러워 물보라마냥
운무를 날리고 있었네
하냥없는 굿거리 마당으로

연신 들락거리며 파도 일으키고 있었네
부서지고 부서져 한줌 남은 제 몸 던지고 있었네

거북
―동해·9

어느 난바다 물목을 떠돌다
정치망에 걸려 커다란 눈 껌벅이는
오래도 살았다는, 등에다 조개랑
파래랑 물미역을 기르는 거북처럼
선선한 물바람 일으키며 돌아오는 네 영혼 있어
그리 살아 돌아온다면
오늘 이 하루 축항에 서서
어둠의 눈바람 맞아도 허전하지 않으리

까무룩해진 바다 한 편으로
눈은 내리고 쌓이지도 못한 채
소리없이 죽어가는 저 맑은 넋들
거기 네 흰 소맷자락이 일렁인다면
바다로 가서 까맣게 잊은 듯이 사는
천 년 거북도 부럽지 않아
홀로 홀로 눈 맞으며 즐거우리
마지 못해 살아 있는 날들도 즐거우리

바리떼기를 불러오고

밥사발을 바다에 담가 넋을 건지고
그 헛헛한 위안의 춤을 추고
징소리에 맞춰 새옷을 사르고 사르고
눈물로 지워가는 네 선한 눈매와
죽어서 참한 색시
인형처럼 곱다뿐인가
그 웅숭깊은 눈길에
얼마나 깊은 인연을 담고 있다던가
분네 할미 얼마나 안스러워 하던가
화촉동방 꾸며 놓고
그 영원한 부활의 세계 빌어보는 날

난바다 어디에선가
거북이 대가리 설렁설렁 흔들며 물살따라
이 갯가로 나오듯이
네 사라진 넋 선선히 다가온다면
사월에 내리는 이 어처구니없는 눈발,
넋꽃이 되지 않으랴 하얗게 꿈이 되지 않으랴

삼월의 눈
―동해·10

동해 어디론가
삼월에도 눈은 내리고 있었다
다시는 들을 수 없게 된
사내의 굿거리 장단이 머문
낮은 처마끝 어스름을 지나
폐선이 잠든 부두로
나지막히 눈이 깔리고 있었다
어디에든 멎지 않는 바람은
비어버린 겨울산을 지나
낯선 소문 두어 낱이
처마 끝에 매달려
동해 어디론가 눈이 되고 있었다
어느 바다어귀에다 버린 몸짓
그 몸짓들이 문득문득 살아오는 바다
한 어부의 딸이 사랑한 사내는
둥둥 구름으로만 돌아오고
잿빛 하늘이
소금기 저린 마을로 내려와

삼월에도 눈은 내리고 있었다
이물 끝에 앉아 두들기던 가락
마디마디 멍울이 든 채
작은 그물코마다 걸려
바다속으로 가라앉아가는 삼월
그림자만 남은 네 얼굴이 날리고
낯선 내 얼굴이 밀리는 태풍에
어디론가 돌아올 사내를 맞아
바람같이 구름같이 서노라면
동해 어디론가
삼월에도 눈은 내리고 있었다

멸치
―동해·11

한소끔 끓여진 뒤,
덕장 그물에 얹혀
앙상한 은빛 비늘로 마르는,
설운 바 하나 없이
반짝 제 육신을 비워가는
저 무욕의 존재들
마지막 슬픔의 물기마저 지우고
새로이 바람을 넋으로 채운
그 가벼운 몸짓으로
살아남은 자들의 입맛을 달래는
저 무량 자비의 투명한 열반이여
궁벽지고 허기진 삶의
쓸쓸한 식욕을
가을 바람 한 점 고명하여
소매끝동 여미어, 후루룩
감겨드는 뱃속 허전함 단속하느니
오래 두고 마음 채울 말
하나 마련 못하는

저 가난한 시인의 우울을 위로하며
무량 바다로 돌아가는 멸치,
감은 눈에도
절로 스미는 지장경 소리

대화
―동해·12

앞 이마 훤해지고, 배 나온 사내 둘이
모래더미 발로 밀어가며 바닷가를 거닐며
서로에게 전해줄 말을 찾지 못해도
그저 그런 것이려니 짐작으로
응, 뭐, 그래라고
묻지도 않고, 먼저 말을 꺼내지도 않았는데도
솔밭에 지나는 바람소리 듣는 듯
파도에 쓸려가는 모래알 소리 듣는 듯
내 쉬는 숨결이 그대로 말이 되는 가슴이 되는
눈빛 초롱하게 만드는 바다채송화 되는
바닷가를 거닐며,
응, 뭐, 그래라고
모래알 같은 일들을 서로의 귀에 담아준다

아버지 무덤엔 들렀고
봉분이나 잔디는 무너지고 썩은 데는 없고
딸은 시집간 뒤 잘 지내고
객지에서 고생 말고 고향 와서 이리 바다나 보자고

아등거리며 살아 봐도 결국 여기 아닌감

파도가 갯바위까지 와서
달빛 대신 물보라를 뿌려주는 하저 앞바다
저물어가는 하루쯤, 모래더미 발로 밀어가는 일일 뿐

달무리
―동해·13

이승에 맺은 연분이 많으면
저승길이 멀어 쉬 건너지 못한다고,
우리 할매
먼 길 가느라고
숨 가빠, 괴로우면
물구비 모래턱마다
잠시 잠시 쉬어가라고
파도는 모래 구비마다 저리 주름 새겨두었나니

촘촘히
발길 여며 마음에 넣어두라고
밤새워 일렁이며
달 그리고 달 지우고 하였나니

4

목련 이별

바람 한 줄기가
천천히 목련꽃 가지 사이
투명해진 하늘을 흔들며 지나간다

크고 두툼한 꽃잎 하나가
바람 속으로 제 몸을 지고 떠나갔다

아주 긴 시간들이 잠시 멈추어 선
일몰의 한 때,

목련꽃 비어간 자리만큼
더 깊어진 슬픔의 숲으로
내 사랑 자그마한
박새들이 떠메고 날아갔다

사과

사과는 조용히
가지를 벗어나
제 자란 나무 밑에 엎드려
제 피를 삭히는 단맛을 기르고 있다

이제껏 제 몸을 뜨겁게 하던
햇살의 피톨들이
천천히 꼭지에까지 흘러
아침이면 이슬로
제 서슬 푸르던 결기를 가라앉히고
한낮엔 햇살에 숨어있던 어제들을 불러내어
자근자근 뭉친 근육을 풀어주고 있다

한해 동안 나무를 오르내리며
힘겨워 뭉쳤던 노동의 아픔까지
어루만져 주면서
저만은 나무 아래 밤낮없이
찬 바람에 몸을 뒤채며,

누군가의 따뜻한 사랑이 되려 하고 있다

서먹서먹한 사이, 햇살의 향으로 이어주고 있다

시간은 늘 기다리는 이의 몫
기다림을 아는 사과가
제 몸을 나무 그늘에 누이고
시퍼런 결기를 가라앉히며
고운 결의 껍질로, 투명으로 돌아가고 있다

나무 보살들

나는 누구의 마음에
쓸쓸히 잎 지우고 선 나무였을까

그 마음에 위로의 그늘 자리 하나
마련해 주지 못한 채
제 스스로에 도취하여 세상에
가득한 가시를 드러낸 어리석은 짐승이 아니었을까

제 하늘의 높이를 받들 생각에
골몰하는 저 은행나무,
초록의 승천이
달빛 같이 물길 같이 흘러가
제 마음마다 달을 담아든 저 이파리 보살

한 발로 서서 움직이지도 못하고
제 마음 한 줄기 말로도 꾸며내지 못하지만
제 엽맥을 타고 흐르는 천수천안의 현신을
가을로 꾸며내려 온 몸을 던지는

은행나무의 희생공양 앞에서
고해성사를 보아야겠다

호박, 꽃 피다

아침 저녁 차갑게, 이슬이
주변의 환삼덩쿨이나
강아지풀 줄기를 물들이는,
다들 쓸쓸해진 마음 한 자리를
씨앗으로 품는 주머니를 안고
다가올 서늘한 어둠과
죽음 같은 눈밭을 생각하는 우울의 시간
노란 호박꽃이 핀다
너르고 커다란 꽃잎이
드문드문 길섶을 채운다
열매를 맺고
단맛을 길러야 하는 것은 아니라고
잎 지는 것이 당연한 것이지만,
그렇다고 강아지풀의 길을 가는 것은 아니다
지금, 꽃 피고 있다는 것이 소중할 뿐
누렇게 익어 꼭지가 떨어지는
이웃의 호박을 부러워할 필요는 없다
스스로 이슬 속에

자신의 매무새를 단정히,
마르고 찢어진 잎으로
채 씨앗도 맺지 못하고 서리 속 사라질지라도
그냥 꽃 피우는 것이다.
이 가을 서리가 내린다는 날,
느리고 느린 순리로
호박, 꽃 피다

돌미륵

한림공원에
수선들이 피었다

소나무 그늘 아래 잠시 찾아든 봄볕들과 눈 맞춰
노란 정념을 숨기느라 제 꽃빛 하얗게 바래는 줄도 모르네

내 사랑하는 이여
나를 위해 거울을 사랑하는 이여

천년을 두고 비바람 견디며 기다리느라
눈도 코도 뭉개진 채 전신에 구멍난 나는 어쩌라고

초록 정기를 곧추세워 다오
소소리바람의 유혹에도 흔들리지 말게

한림공원에
천년 돌미륵 수선 바라며 섰다

맑은 날

운주사 도는 길섶
미루나무 숲을 이룬 하늘녘, 그쯤에
기대 살고픈 명아주 풀대가
포르스름
한 치 혀를 내밀어
밍근한 햇살을
맛보고 있었다

새콤달콤
잘 여문 세상,
바람 속에 잘 배어는 지
지그시 눈 감고
석불 곁에 기대어
드난살이 누덕진 눈물
한소끔 잘 졸여진 한숨까지,
천년의 바람에다
어깨 가늠으로 쏟아내
말갛게 씻어내고 있었다

개심사에서

1
가죽이 터진 법고 하나
대웅전 뒷채에서
헤하고 입 벌리고
가부좌를 틀고 있다

가을볕이 좋아라고

금빛으로 일렁이는 날개로
법고 안팎으로 나들며
붕붕붕
화두밭 일구는
땅벌 대여섯 마리
절밥 먹었다고 품새가 가지런하다

2
개심사 범종각 기둥들은
어수선하다 못해

어떤 못된 인간의 비틀린 심사까지
오롯이 담아 두고
제 기울어진 몸뚱어리 위에다
지붕을 얹고 섰는데
그게, 참 맞춤한 자세가 되어
오가는 이들에게
다 한 마디씩 던져주는 말

번뇌는 드러내는 것이라
마음 가는 대로 살아라

다 제몫의 삶이 고뇌로 지은 집이니라고
참한 햇살로 엮은 법문 하나씩 내리고 있다

빗금무늬

상주 삼강주막의 안주인은
글을 몰라서 셈이 약해서 나드는 손님들의 외상값을
그을음 앉은 부엌 벽에다 빗살무늬로 새겨두었다지

그 빗살무늬의 전통은 오래여서
처음으로 질그릇을 구워낼 줄 알았던
선대 어머니들의 오래된 손맛처럼
길손의 마음 어루만지는 그릇이었다지

장정길 떠나는 아들의 호주머니에 넣어주던 곶감 같은 것
장정길 아들 산고개 지나 통곡하던 마음 같은 것
그 어미 서릿발 바람 속, 늦가을 감나무에
까마귀라도 속을 덥히라고 남겨둔 홍시 같은 것

그 마음들이 모여드는
낙동강 구빗길에서는 어긋나는 인연도 많지
구름처럼 떠돌며 빗살무늬 하나씩 안고 살았으리

사실은,
상주 삼강주막 안주인
셈을 모르는 것이 아니라 그 모습 두고 보지 못해
그을은 벽채에다 받지도 않을 외상무늬 새겨두었다지

파란만장
―주산지에서

    물밑바닥에 발 들여 놓은 날이 너무 오래되어, 물낯에다 자신을 들여다보는 일도 지겹고, 몸이 무거워 새로 가지를 엮어 잎을 내는 일도 번거로워, 오가는 이들이 질긴 생명이라 일컫는 말도 식상하다 이런 날이면, 물밑바닥에 누워, 일렁이는 물살에 비춰드는 햇살의 파란만장한 무늬나 어루만지고 싶구나

    자꾸만 의식이 까무러지는
    할머니의 마른 몸

    야야, 고단타
    너무 오래 서있었구나

5

산등

산등에 기대어

누워있는 바다를 보았다

구름 몇도 함께 누워 있었다

먼 산 꼴을 지고 가다

지게 받쳐두고 한숨 돌리는 산등

햇살도 바람도 함께 한숨 돌리고 쉬는

그 너머 쓸쓸한 꿈이 잠든 아비의 시

길을 놓치다

눈이 내린다
길이 있는 길 위로, 길 밖에서 선 길 위로
누군가에게는 길이었을 세상의 모든 숲 위로
눈 또한 천천히 제 길에 발길을 내딛을 뿐 눈이 내린다

누군가는 내린다고 하지만, 눈은 걷고 있을 것이다
자신의 길을 천천히 눈물이 되는 사랑을 따르는, 걸음이다

나는 한 번도 길을 벗어나는 일이 무엇인가를 생각해 본 적이 없다
자벌레, 개미, 거미, 고양이, 또한 먼지의 길, 그대의 길

시인이 되고 싶었던 아버지는
스스로 보지 못하는 시집 한 권을 내었고,
그때의 아버지보다 나이 많아진 아들은
비로소 시집 한 권을 펼쳐 보려하는, 거기 담긴 길 묵묵하다

어쩌면 길 따위
어쩌면 길 나름,
다 잊을 수 있을 거야
마지막까지 잊지 못하는 것은 시가 될까
민달팽이처럼 꿈틀거릴 부정의 생각
실핏줄처럼 돋아나는 짓무른 욕망들
차가운 눈이 닿는다, 빨갛게
잡으려다 놓으면 길을 벗어나는 행복을 누릴 수 있을까

눈이 내린다
길이 없는 길 위로, 생각하면 시 또한 운명,
그늘로 숨어드는 도마뱀의 꼬리를 밟고 있는
전달되지 못하는 수신호를 안고 있는 가난한 길일 뿐
눈 또한 천천히 제 길에 발길을 내딛을 뿐, 눈이 내린다

콩밭

 그 사람, 산등의 콩밭에 묻혔네 마주 보이는 집을 두고, 해 지는 방향으로 묻혔네 마주 보이는 집은 동향이라 산골에서 그리운 햇볕을 일찍 담을 수 있는 곳이지 가진 것이 없는 산사람이 무량으로 쓸 수 있는 것이 햇볕 말고는 무엇이 있었을까 높은 산등, 거친 바위 틈새 화전밭을 꾸미며 가뭄에도 견딜 콩밭을 꾸렸으리 더 가물면 메밀이라도 던져두었으리 땀과 함께 흙 속에 그 사람의 냄새 가득 차 있었으니, 산등의 콩밭과 절로 하나가 되었을 것이다 나는 그 콩밭의 콩으로 된장을 만들었으니 그 사람의 살과 피를 먹은 셈 목숨끼리 이어주는 콩밭이리 찬란한 순간이리

 산등 화전으로 일군 콩밭 한 뙈기 가슴 가득 차오르는 빛살 노랑으로 물들어 왔지 노랑이사 황홀한 빛 벼 이랑은 아니라도 콩잎으로 물드는 산등을 보래 등 아래 낮게 흘러가는 신작로의 은행나무 노랑을 보래 절로 기쁨으로 인도하는 빛이 아니랴 넘치는 복음 아니랴 교회가 뭔동, 부처님이 뭔동, 통 모르는 무지렁이지만 저 하눌님 내리는 가을볕의 황홀은 알지 거친 산등 일구며

사내등 어루는 황홀은 알지

  그 사람, 이름도 함께 산등의 콩밭에 묻혔으리 노을을 마주보는 자리, 상수리나무가 둘레를 선 그 자리, 노을이 내렸네 소쩍새 울음이 깊어지는 밤이 올 것이며 나는 오래 산등의 바람소리 들을 것이네

장독

빗살이 어룽이고 지난 장독에는
흔적처럼 슬픔의 무늬가 새겨져 있었다

자세히 드려다 보면
궤도차의 바퀴 자국처럼 얼기설기 엉킨 것도 같고

더 자세히 드려다 보면
손매 고운 이가 곱게 땋은 가르마 자국과도 같고

더 더 자세히 드려다 보면
귓불이 하얀 이가 눈물로 새긴 슬픈 전설과도 같고

아니, 아니 더 이상 드려다 볼 수 없을 정도에 이르러
 우리 할매 세상 근심사 사설에 담은 색 바랜 잡기장
도 같다네

빗살이 어룽이고 지난 장독에는
독이 터지지 말라고 철사로 동여 놓은,
흉터처럼 지워지지 않는 우리 역사가 감겨 있었다

거머리

하얀 접시에 담긴 거머리가
제 살붙이를 생각하는 듯 접시에 매달렸다
몸을 쭉 펴며, 잠시 옮겨다닐 공간을 생각하는 듯했다

천천히 입술을 갖다 대고
거머리가 내 입술에 제 흡반을 붙이기를 기다렸다

입술이 두터운 것은
열병으로 피가 몰린 탓

피를 뽑아내면 얇아진다는 약재상의 말을 듣고
할머니가 준비한 약재, 거머리였다

눈을 내리뜨고 찬찬히 바라보았다

지금 세상 속 흘러가는
내 피 속에는 거머리의 타액이 섞여 있을 것이다

능소화

내 할머니
생전에
흙담 너머로 바깥
내어다 보는 일 없었다
내어다 보는 일이 숭이라고
그래
담인지 옥수수대인지
푸른 잎들이
먼 바다 돌아온 소식인 양
마당 한 켠에서 출렁이면
담머리 능소화
가지 걸쳐두고
꽃가지 타고 넘나들며
고향, 눈 밝은
한 소식 가슴으로
전해 듣곤 하셨다

채송화

누구나
그 이름만으로도
가슴 속 빈자리가 아득해지는
그런 사람 하나쯤
깊숙이 담아두고 살다가

바람결에 휩쓸리는 꽃잎에서
그 이름을 붙여 부른다

저 낮은 키로도
세상을 넉넉하게 일구는 이름, 채송화

나의 아비는 늘 땅 위에 그림자처럼 살고 있다

사는 날 그 동안만이라도
볕살 잘 드는 창 하나쯤 마련해드리고 싶었다

후생에는

후생에서
제 살아온 날의
가늠만큼 말이 주어진다면,

오이소박이
간장 한 종지
시 두어 편
구름은 모두에게 보태주는 덤

나는
덤으로
주는 구름에도
후생이 그냥 넉넉해진다

욕심을 몰라
어리석게 살았구나
사랑한다는 말도 자주 잊었으니

| 시작노트 |

아버지와 동해, 그리고 남산동

1

 누구에게나 그리워하는 공간이 있을 것이다. 나는 철든 뒤, 한 번도 정말 한 번도 말로 내뱉지 않았다. 누군가를 그리워한다든가, 어딘가가 그립다는 말을 하지 않았다. 그것이 나의 통점이다. 가슴 안에 가시를 기르며, 나를 찌르며 병들게 했다. 드러내어 말할 수 있는 용기가 없었을 수도 있지만, 나의 좌절과 아픔은 너무 컸기에, 그 시간만큼 숨겨두고 싶었다. 이제 겨우 그 숨기고 싶었던 사연의 실마리가 풀려난다. 그때의 나는 날선 고슴도치. 항상 누군가가 나에게 관심을 가지거나 아는 척을 하는 그 자체를 부정하고, 철저하게 혼자인 공간을 갖고 싶었다.

2

 말들이 가라앉아 있다. 나는 내 몸 구석자리에 차지

하고 있던 말을 들여다 본다. 그때는 없었으나 지금은 흔한 말, 왕따가 있다. 나의 유년은 왕따라는 말로 점철되어 있다. 숨기고 싶은 나의 몸이 많았다. 숨기고 싶었으나 숨기지 못한 오리궁뎅이처럼 겨울만 되면 부풀어 오르고 트고 피가 나서 갈라지던 크고 두꺼운 입술―당나팔이 어떻게 생겼는지 한 번도 본 적이 없지만, 너무 쉽게 드러나 아직까지 붙어 있다. 내 입술을 거쳐 간 거머리는 얼마나 많은지. 나의 몸을 늘 연민으로 감싸던 나의 어머니, 폐결핵을 오래 앓았다. 당시에 폐병이라는 말은 불가촉천민의 다른 이름으로 여겨졌다. 나의 주변 아이들은 나를 멀리 하는 직접적인 계기가 되는 말이었다.

  보건소에서 약을 타기 위해 줄을 서서 기다리던 토요일 오후의 하학길은 그래서 늘 논둑길, 강변길이었다. 혼자서 천천히 걸으면서 주변의 풀들과 함께 한 나날들. 그러고 보면 왕따가 아니었을지도 모른다. 외진 길과 홀로만의 책읽기에 몰입하면 주변을 잊을 수 있었기에 얼마나 많은 책들을 찾았는지 모른다. 그리고 재봉틀, 재봉틀을 접어넣으면 넓은 상판이 남고 이는 책상으로 더할 나위 없이 훌륭했고, 재봉틀 의자는 아버지가 만든 나무 의자, 옆으로 누이면 앉은뱅이 책상이 된다. 호롱불을 켜고 읽는 책. 초등학교를 졸업하면서 이면지를 붙여서 펜으로 쓴 시집을 만들었다. 동시집이었지만, 그

내용들은 모두 침묵의 골짜기에 묻혔다. 기억에 남는 말들은 하나도 없지만, 만들었던 기억만은 남아 있다. 그러고 보니, 침묵만의 골짜기는 아니었다. 그 골 물이 고여 시의 길을 열고 있었다. 나의 소년은 끝이 났고 시가 시작되었다.

3

우려는 늘 현실이다. 위로의 대상이었던 어머니는 중2, 여름방학이 끝나고 돌아가셨다. 노을이 붉은 저녁이었다. 방황의 시작을 알리는 저녁이었다. 삼촌과 함께 원두막에 가서 자면서 오래 떠돌았다. 나를 잡아준 것은 유치환의 『구름에 그린다』였다. 지금도 갖고 있다. 아픈 나를 위로해준 책이었다. 집에는 낡은 『현대문학』 잡지들, 신구문학사에서 간행한 『현대시 52인선』, 『전후한국현대시집』들이 있었다. 그 중에서도 유정의 「램프의 시」에 오래 취해 있었다.

대구의 고등학교에 와서 남산동에서 자취를 했다. 남산동은 자취생들의 성지였다. 성모당에서 적십자병원, 반월당, 제일여상 주변은 전쟁 피난지 시절, 문화예술의 성지였지만, 조금씩 잊혀가고 있는 공간이며, 자취생들이 모여들어 붐비는 골목이었다. 비가 오는 날이면, 비 새는 천정에 성냥 알갱이에 실을 묶어 방바닥으로 늘여

놓고 소주병에다 빗물을 받으며 새우잠을 자는 공간이었다.

그때는 몰랐으나 지금은 안다. 그 남산동이 오랜 가난에도 한결같은 마음이 있는 마을이라는 것을. 나의 마지막 근무지인 학교가 남산동에 있다. 3층에 있는 교무실, 동으로 난 창에 바로 보이는 것은 기왓골이 무너진 폐가다. 조금 멀리는 지붕 위에 올라앉은 타이어들, 타르천으로 마감한 지붕, 담쟁이덩굴처럼 번져나간 오밀조밀한 골목, 그 낮은 풍경을 능소화가 채워주고 있었다. 오가는 이들은 다들 느린 시간을 거느리고 사는 사람들이다. 나도 이제 느린 시간 속으로 스며들 것이다.

4

문학이 삶이었던 아버지가 살아계실 때, 혼자 생각이었지만 아버지와 합동시집을 만들 생각을 했다. 아버지의 죽음이 뜻밖에 너무 일찍 왔다. 아버지의 작품들만을 모아 유고시집(『복사밭 내력』, 도서출판 대일, 1986)을 돌아가신 다음 해에 조용히 냈다. 내 정성을 다하지 못한, 아버지의 삶에 값하지 못한 시집이란 생각에 늘 짐이었다. 그것이 나의 정신을 유폐시켰다. 무의식 속에 짐을 지고 있었다. 그 침묵의 골짜기는 깊었다. 그리고 오랫동안 시의 공간 주변만을 맴돌았다. 역사, 철학, 예

술이라는 이름의 책들을 위로삼아 읽었지만 남는 것은 늘 침묵. 이제 돌아가실 때의 아버지보다 내가 나이를 더 먹었다. 유폐를 끝내고 나의 시집을 내게 된다. 아버지의 시집보다는 간소하게 차리고 싶다. 아버지의 그늘이 깊었다. 그 그늘이 불행만은 아닐 것이다. 아버지가 묻힌 곳의 산자락에서 이제 벗어나 돌아보니 아득하다.

오래 놓치고 있던 길을 찾아야 한다. 어디로 갈 것인가. 아버지는 나에게 바다 같은 존재였을까? 동해와 아버지는 내 시의 심연이다. 바다는 이성과 합리가 소통되지 않는, 자유로운 공간이며 감성의 공간이다.

바다에 의지하여 사는 친구 하나가 신접살림에 신명을 펼치고자 원양에 올랐지만, 돌아오지 못했고, 수망굿이 열렸다. 얼어붙은 모래밭에 차일을 두르고 종이꽃을 무성하게 피웠으나, 모두 산 생명을 위한 위로의 굿이었다. 사흘이나 징소리에 파도가 몰아쳤지만 천도제로 끝났다. 오래 아팠다. 아픔이 오래되어 말이 되었다. 동해는 그렇게 나에게로 왔다.

5
처음 저 바다를 마주한 사람들은 혼돈이었을 것이다. 해석되지 않는 세계는 불온하고, 해석하고 싶은 사람들은 이름을 붙이기 시작했을 것이다. 미묘한 갈등과 틈이 생긴 것이다. 이 바다를 마주하게 한 것은 나의 조상들. 그 유배의 공간, 이 먼 바다 동해에 이르렀을 때 좌절이 생각났다. 좌절로만 끝나지 않는 것이 목숨이다. 흔하고 흔한 목숨은 천한 것이 아니라 귀중한 것이었다. 세상에는 외면해도 좋을 목숨이란 없다. 바다는 그런 목숨들이 숨쉬는 공간이었다. 늘 의식의 바닥에서 일렁이는, 외면할 수 없는 삶과 바다였다. 그 서사의 바다에 끝이란 없다. 나는 지금 그 바다의 시작 앞에 있다. 아니 정리되지 않는 것이 바다이니 혼돈이다. 아도르노의 생각처럼, 이성은 야만의 확대 재생산이며 지배 욕망이다. 나는 감성의 몸으로 그 바다를 본다. 동해, 그 처음과 끝을 펼쳐보고 싶다.

6

시를 쓰면서 흔한 말로 우연에 기댈 때도 있다. 그러나 우연은 우연일 뿐. 필연을 마련하지 않는다. 나는 시에 필연에 의한, 내가 지향하는 가치, 가장 낮은 자리에서 그들과 함께 하고자하는 생각, 그것을 위해 우연에 기대어서는 안 된다. 우연이 아닌 필연의 자리를 위해 보다 깊이 생각하고 공감하고 그들의 언어를 만들어야 한다. 우연은 짧은 잠언은 줄지 모르나 진실된 시의 깊이는 가져다주지 않을 것이다. 삶이 비록 천박하고 누추

할지라도 그 속에는 생명의 움직임이, 생존을 위한 투쟁이 있기에 천박함을 견디고 누추함을 걸치고도 살아가는 것이다. 누군들 자신의 삶이 누추하고 천박한 삶이라 비난받고 싶을까. 어떤 삶도 그 삶이 존속되는 한 비난받을 수는 없다. 나는 이제까지 그런 비난을 해왔으니 참회한다. 그 참회의 진실을 증명하기 위해 뚜렷한 가치를 지닌 시를 적어야 한다. 쓰는 행위가 아니라 그들의 말을 옮겨 적는 '술이부작(述而不作)'의 과정이어야 할 것이다.

나의 무력한 관성을 깨뜨리기 위해서는 회자수 날선 칼이나 『수호지』의 이규가 들고 다니던 도끼 한 쌍, 그 정도거나 노지심의 철퇴쯤은 되어야 하지만, 나는 여전히 소설 속의 서 있는 이규나 노지심에 대한 두려움이 없다. 그래서 무력한 관성이 쉽게 깨어지지 않는다.

시가 없는 오후, 바람이 불어온다. 그러나 그러나, 나는 아직 너에게서 기대를 거두기에는 너무 이른 나이가 아닌가? 비록 기울어 힘든 경사로를 오르는 일이지만 그래도 너에게 기대를 거두기에는 아직 나의 열정이, 미래에의 희망이 있지 않을까.

다시 읽어내자. 수없이 많고 많은 작품을 읽어내자. 그리고 다시 도전하자. 열정, 그것이 아니면 도산이다. 일생을 내걸어야 할 때인 것이다.

만인시인선 68
석류가 있는 골목

초판 인쇄 2019년 1월 10일
초판 발행 2019년 1월 15일

지은이 / 방 종 헌
펴낸이 / 박 진 환

펴낸 곳 / 만인사
출판등록 / 1996년 4월 20일 제03-01-306호
주소 / 41960 대구광역시 중구 명륜로 116
전화 / (053)422-0550
팩스 / (053)426-9543
전자우편 / maninsa@hanmail.net
홈페이지 / www.maninsa.co.kr

ⓒ 방종헌, 2019

ISBN 978-89-6349-126-4 03810

값 9,000원

* 이 책의 내용의 전부나 일부를 사용하려면 반드시 저작권자나 만인사 양측의 동의를 받아야 합니다.
* 이 도서의 국립중앙도서관 출판시도서목록(CIP)은 서지정보유통지원시스템 홈페이지(http://seoji.nl.go.kr)와 국가자료공동목록시스템(http://www.nl.go.kr/kolisnet)에서 이용하실 수 있습니다(CIP제어번호 : CIP2018041800).

만/인/시/인/선

1. **이하석** 시집 | 高靈을 그리다
2. **박주일** 시집 | 물빛, 그 영원
3. **이동순** 시집 | 기차는 달린다
4. **박진형** 시집 | 풀밭의 담론
5. **이정환** 시집 | 원에 관하여
6. **김선굉** 시집 | 철학하는 엘리베이터
7. **박기섭** 시집 | 하늘에 밑줄이나 긋고
8. **오늘의 시 동인** | 「오늘의 시」 자선집
9. **권국명** 시집 | 으늠나무 금빛 몸
10. **문무학** 시집 | 풀을 읽다
11. **황명자** 시집 | 귀단지
12. **조두섭** 시집 | 망치로 고요를 펴다
13. **윤희수** 시집 | 풍경의 틈
14. **장하빈** 시집 | 비, 혹은 얼룩말
15. **이종문** 시집 | 봄날도 환한 봄날
16. **박상옥** 시집 | 허전한 인사
17. **박진형** 시집 | 너를 숨쉰다
18. **정유정** 시집 | 보석을 사면 캄캄해진다
19. **송진환** 시집 | 조롱당하다
20. **권국명** 시집 | 초록 교신
21. **김기연** 시집 | 소리에 젖다
22. **송광순** 시집 | 나는 목수다
23. **김세진** 시집 | 점자블록
24. **박상봉** 시집 | 카페 물땡땡
25. **조행자** 시집 | 지금은 3시
26. **박기섭** 시집 | 엮음 愁心歌
27. **제이슨** 시집 | 테이블 전쟁
28. **김현옥** 시집 | 언더그라운드
29. **노태맹** 시집 | 푸른 염소를 부르다
30. **이하석 외** | 오리 시집